ESCLAVOS
DE NUESTROS
SILENCIOS

María J. Mena

ESCLAVOS DE NUESTROS SILENCIOS

Primera edición: febrero 2024
© María Jesús Mena Picazo

© IMPRONTA
Cura Sama, 8 - 4.º D
33202 GIJÓN / XIXÓN
info@improntaeditorial.com
https://improntaeditorial.com
www.facebook.com/ImprontaEditorial
Tfno. 985 09 83 42 / 650 23 11 68

Diseño y compaginación: Marina Lobo

ISBN 978-84-128215-3-6
DL AS 00347-2024

Producción: Gráficas Apel

A Alberto

TRASCENDENCIA

Somos dueños de nuestros silencios
y esclavos de nuestras palabras.

M. GANDHI

ESCLAVOS DE NUESTROS SILENCIOS

Somos prisioneros del ritmo de los días,
de lo vivido y de lo que se queda en la punta de la vida,
del olvido y del recuerdo,
de los odios heredados
y de los afectos en propiedad
o en régimen de arrendamiento,
de los tiempos muertos
y de los que sobreviven,
de lo que imaginamos
y no encontramos el momento de realizar,
porque nace, sin que nosotros lo sepamos,
condenado al cadalso.

Nos sojuzgan cientos de rutinas,
miles de ángeles que pasan sin llamar,
millones de motas de polvo que se quedan en suspenso,
y tan solo una infinidad de incertidumbres.

Nos arrumban los recelos y aprensiones,
los procedimientos,
los usos y costumbres,
las prácticas aleatorias,
los simulacros de vidas paralelas,
y ahora también, la inteligencia,
sea esta artificial o no.
Incluso alguna cosa más
que ni siquiera nos pertenece,

como nuestras frágiles vidas.
En realidad, no somos nada, ni de nadie.

Somos reos,
presos de pasos, prisas y prosas,
del miedo a la huida y la zozobra,
del estruendo de los días,
del insomnio o del sueño de la noche,
de las penas del alma,
y también de sus alegrías,
aunque no haya nadie con quien compartirlas
y queden ahogadas y errabundas.

De esto y mucho más somos esclavos,
pero, además, y sobre todo,
de aquello que se guarda en los silencios.

INTRAMUROS

... Estamos, en otras palabras,
condenados a improvisar.

JOSTEIN GAARDER

PLAZA TOMADA

Me aprietas con fuerza la mano,
como si no quisieras que me marchara.
En realidad, no hace falta porque yo no quiero hacerlo.
Me gustaría decírtelo, pero en lugar de ello,
permanezco en silencio.

Seguimos caminando.

Apenas unos instantes antes
estábamos en un local ruidoso y poco concurrido.
Es lunes.
Nos besábamos,
pero no consigo recordar con precisión
cómo llegamos a ese punto.
Solo sé que lo hacíamos,
con urgencia,
como si ambos de forma recíproca
tuviésemos algún tipo de deuda pendiente con el tiempo
y quisiéramos que quedase cancelada cuanto antes,
o quizá por asfixiar los incómodos silencios,
aunque lo más seguro es que fuese solo
para no desentonar con la coreografía
de esta vida rápida que engulle nuestros días.

A la mayor brevedad posible.

A ratos me hacías también alguna pregunta,
algún comentario,
cuando nos deteníamos para tomar aire.
Querías saber, tener alguna explicación a esas cosas
que la mayor parte de las veces no la tienen.
Habla, me decías, ¿acaso no eres tú la de las palabras?
Tú también, pensaba.
Llevas usándolas mucho más tiempo que yo.
Encorsetándolas en pequeñas columnas
que aparecen casi por azar algunas veces en mi pantalla,
como tu imagen en un pequeño círculo.

Si no apareces, o no aparecen, las busco.
Te busco.
A mi edad sé ya de sobra que el azar no existe,
ya no pierdo el tiempo invocándolo.

Tus palabras.
Analíticas unas veces, reflexivas otras,
y siempre expertas, en cualquiera de los casos.
Como lo eres tú, aunque ahora ya no lo tenga claro.

Palabras, palabras, palabras.

Las tuyas, las mías.
Los dos nos mezclamos en ellas.
Me gustaría saber por qué prefieres escuchar las mías.
Por qué prefieres que otros den nombre a estos lapsos
que entremezclan verdad e incertidumbre.
Intuyo que las necesitas para explicarnos,
para analizar lo que está ocurriendo,

lo que a mí me sucede,
lo que te pasa a ti.

Tus preguntas me sorprendían mientras saboreaba
el abandono que tu lengua dejaba en la mía.
Esa invasiva prolongación de ti, tu marca de agua.
Me pedías que te mirase a los ojos
y seguías haciendo preguntas
que yo no sabía responder porque estaba aturdida,
aunque ni siquiera esperabas la respuesta
y volvías a mi boca.
En el fondo debes tener miedo de mi voz,
por eso interpelas, pero no esperas la respuesta.
Sabes que, como toda buena narración oral,
terminará hacia la medianoche,
que será el momento en el que caerás rendido
una vez que haya conseguido alejar de ti
los fantasmas que pueblan nuestros silencios.

Pero temo que esta vez no ocurrirá nada a esa hora,
mis zapatos no son de cristal,
más bien parecen una cantinela monótona
que acelera la noche.
Tú tampoco eres ningún príncipe,
y yo, ni por asomo, una princesa.
Eso son solo cuentos,
aunque te sienta bien el color azul.
¿Por qué no?
Hemos cruzado ya ese umbral
en el que no hacemos demasiado caso
a las reglas marcadas,

ni a los condicionamientos,
o a la corrección política.
Ya no nadamos en ese mar,
esas tormentas nos son ajenas.
Estamos en nuestro tiempo de descuento.

¿Verdad?

Vuelvo a sentir el movimiento de tu lengua
resquebrajando mis razones,
su ritmo nada civilizado, ni analítico,
y mucho menos reflexivo.
Un baile frenético que me desborda y vence.

Querías saber por qué te había buscado.
Porque eras fácil de encontrar,
y también porque me abriste la puerta,
la dejaste de par en par
para que me pudiese colar de nuevo.
Pienso esto,
pero lo encierro entre silencios.

No obstante, hay una respuesta muy sencilla.
Me atraes.
A veces las cosas son simples.
Fue así, desde la primera vez que te vi,
cuando apenas éramos adolescentes.
Fue así, desde antes de saber que poco tiempo después,
nos besaríamos por primera vez.
e incluso, desde antes de tener la certeza,
de que hoy volvería de nuevo a perderme en tu boca.

Tampoco intuía que serías capaz de una invasión así,
no estaba preparada para este asalto.
De haberlo sabido no habría esperado.
Tantos aburridos encuentros
para concretar solemnes cuestiones laborales,
reuniones, llamadas de teléfono, entrevistas.
Pensé que nuestro reencuentro no significaba nada para ti,
salvo una mera colaboración,
la posibilidad de cerrar un negocio ventajoso.

Pienso, luego callo.

Hasta que esta noche,
en uno de esos encuentros interminables,
nuestro camino se bifurcó,
sin previo aviso.
Como suceden siempre las cosas importantes.
Nos desdoblamos con naturalidad.
Sin guiones preestablecidos,
ni hojas de ruta,
sin un solo ruido,
ni siquiera una pequeña señal que indicase
que dentro del caballo de Troya había un peligro,
y que esto conllevaría mi derrota,
sin poder hacer nada para evitarlo.

Dejé que entrara el enemigo.

Por la forma en que te desenvuelves deduzco
que ya has vivido otras muchas batallas
desde la última vez que nos vimos,

incluso alguna guerra,
y que eres un buen contrincante.
Tú lo sabes.
Tu lengua también que insiste en buscarme.
Quiero enredarme con ella.
También contigo.

Me asaltan estas reflexiones mientras avanzamos.
Creo que no debí haber dado este paso.
Este juego de preguntas,
porque sé que algunas
quedarán de forma inevitable sin respuesta.
Además, se me da fatal jugar.
Siempre pierdo.

Asumo esto,
mientras bajamos por una calle de Madrid
buscando un taxi.
O quizá sea la calle la que nos baja a nosotros.
A mí, todo sea dicho,
me gustaría también bajarte a ti,
o subirte, según se mire,
me sentiría cómoda en cualquiera de esas dos vertientes.
Creo que a ti te pasa lo mismo,
ya que ahí sigue tu mano
aferrada como una garra a la mía.
Ese obsceno apretón me intimida,
así que opto a veces por resistirme a él.
Sin embargo, a ti parece darte igual,
ya que sigues envolviéndola con la misma fuerza
y, aunque lo niegue,

experimento ante ese gesto
una placentera sensación de rendición.

Seguimos caminando.

Recuerdo que una de tus preguntas,
mientras aún estábamos en el local,
fue si me dejaría llevar,
si dejaría que tú llevases las riendas.
Esa idea me abruma.
No quise, ni quiero responderla.
Quizá no lo haga nunca.
Prefiero continuar caminando con la presión de tu mano,
a veces también de tu boca o de tu lengua,
Lo que sea necesario
con tal de no dejar en libertad las palabras.

Miro tus pies,
avanzas a mi lado, acompasando mi paso,
como si estuviésemos sincronizados.
Parecemos dos soldados que marchan
hacia un objetivo cierto.
Tu caminar parece tan seguro,
pero a la vez tan vulnerable.

La calle está casi desierta
y escoltan nuestro avance sus fachadas anodinas,
un espacio más bien moderno y funcional,
de los que abundan en Madrid,
en uno de esos barrios que no son ni malos ni buenos,
pero que están en medio de una cosa y la otra.

Apenas circulan coches,
alguno esporádico que anda tan perdido como nosotros.
Me parece todo un sueño o un cuento.
Otra vez los cuentos.
Soy como una Alicia recién llegada a un país insólito
donde los personajes hacen lo que les da la gana,
pero nunca lo que se espera de ellos.

Te observo como si fueses mentira
y respondes a mi mirada.
Vuelvo a ver los ojos que hace rato había perdido.
Me gustan porque son los de un hombre
que ha mirado de frente al mundo,
Alguien que sabe cómo y qué ha de mirar.
Ojos escrutadores de esos que quieren conocerlo todo.

A pesar del encuentro de nuestras miradas
no nos detenemos.
Es tarde y al día siguiente
debemos afrontar obligaciones.
Tenemos que volver a casa.
La prisa.
Siempre ella quebrándolo todo.
Para bien o para mal.

A la mayor brevedad posible.

Me siento ligera pese al cansancio del día.
Este encuentro me ha hecho retroceder años,
parece que de pronto fuera más joven.

La noche es fría,
pero siento el calor que desprende tu mano.
Te vuelvo a mirar y veo tu perfil.
Ya no eres aquel muchacho de algo más de veinte años
que se marchó para comerse el mundo.
Esa constancia, sin explicación,
hace que me invada la ternura
y esa sensación me descoloca.
No debería estar ahí.
Siento cómo se enciende el piloto de alarma.
Es peligroso.

Como si hubieses percibido algo extraño,
aprietas aún con más fuerza mi mano
y me atraes hacia ti como si ambos tuviéramos otra edad
y la pasión de otros años
o también la de aquellos que son capaces
de lanzarse aún a un precipicio
a pesar de todo.

Me besas hasta casi hacerme daño
y entonces tengo conciencia de que quieres hacérmelo,
quieres obligarme a tomarme esto en serio.
Sabes que, de esta forma,
una parte de ti vendrá conmigo esta noche a casa,
lo quiera yo o no.

Querría adivinar lo que estás pensando.
¿Por qué no hablas?
No deberías depositar en mí
el peso que dejan las palabras.

Me separo de ti y te suelto la mano.

Seguimos caminando.

Ya no alzo la vista, ni te miro,
prefiero observar cómo se deslizan mis pies
sobre los adoquines de hormigón.
Observar tus pasos.
Me doy cuenta de que llevas puestos
unos zapatos de hombre maduro,
que me recuerdan, de forma inevitable,
que ya no tienes veinte años.
Ninguno de los dos los tenemos.

Vuelve la ternura a la que acompaña tu olor.
Has utilizado un perfume acogedor.
Sé que te lo has puesto porque sabías lo que iba a pasar.
Yo no.
Nunca soy capaz de darme cuenta de estas cosas.
Ahora, sé que tu aroma me acompañará en mi vuelta
y también que mañana lo buscaré
entre los estantes de alguna perfumería
para saber cuál es.
No sé por qué soy tan complicada,
quizá bastaría con preguntártelo,
pero no lo haré, porque me gusta ese juego,
el de perseguir tu olor, desvelar su nombre.
Lo averiguaré más tarde o más temprano,
y experimentaré cuando lo consiga,
una secreta y grata sensación de triunfo,
o quizá una derrota,

porque sabré cuanto valía para ti nuestro encuentro.
Quizá, cuando lo localice,
opte por ponerme un par de gotas en la muñeca
y entonces estarás de nuevo conmigo,
te echaré de menos,
y quizá te envié un mensaje neutro
que significará solo que estoy al otro lado
y que querría volver a besarte,
pero no llegarás a saber todo eso.
Tampoco que tras enviarlo
guardaré el móvil en el bolso
para evitar la tortura de esperar la respuesta.

Me pregunto qué pensarás de mí si te cuento lo que pienso.

Seguimos caminando

Aparece al fin un taxi.
Lo llamas.
Se detiene y nos subimos.
La primera parada será mi coche,
después tu continuarás tu camino.

Antes de que me baje volverás a besarme
esta vez será un casto beso de despedida,
una mera formalidad.
Después, emitirás un parco mensaje,
apenas unas pocas palabras,
a las que yo contestaré
con las fórmulas de cortesía pertinentes
y se volverá a cernir en torno a nosotros el silencio.

De vuelta a mi espacio seguro,
me colocaré el cinturón como si fuera arrancar,
pero permaneceré aún un tiempo inmóvil,
observando por el retrovisor cómo te vas.
Desconozco siquiera si volverás alguna vez,
No hemos hablado de ello.
Ya no sentiré tu mano aferrada a la mía,
y la noche quedará congelada.

No seguiremos caminando.

Pasado ese lapso, pondré en marcha el vehículo,
mientras pienso que no quiero que te vayas,
pero tampoco que te quedes.

Recuerdo que en algún momento de la noche
me hablaste de los niños, de tus hijos.
Si continuásemos marchando hacia la batalla
tendría que conocerlos.
Ahora, son ellos los que disponen,
como ya lo hicieron nuestros padres
cuando éramos más jóvenes.
Creo que los primeros me dan más miedo,
la lucha en este caso es más compleja.
¿Les gustaré?
No quiero ser, en la vida de nadie,
la sombra de otra,
convertirme en una usurpadora
o en un chivo expiatorio
sobre el que dejar caer el peso de otras culpas.
Ya es bastante trabajoso,

enfrentarse a la vida cada mañana,
cargando solo con el peso de nuestra propia ropa.
No quiero ser la mitad en nada,
ni siquiera tres cuartas partes.
Me vienen a la cabeza los ejercicios de Matemáticas
que repaso con los míos.
«Si Manuel se toma dos quintos de un pastel...»
Qué complicado es Manuel para cortar un simple pastel,
y qué complejos son sus amigos,
que continuarán diseccionándolo
hasta hacerlo totalmente ininteligible,
con lo fácil que es partirlo en forma de cruz
e ir dividiendo con equidad cada parte resultante
hasta dejarlo convertido en pedazos casi idénticos
y poder así degustarlo sin cálculos enrevesados.

Y si es tan sencillo, si es así de simple,
por qué nos empeñamos en compartir un dulce
de una manera casi irresoluble,
por qué no hablamos de porciones
que son más asequibles,
y no de fracciones,
o quebrados, como los llamaban mis padres.
Nuestros padres,
esos que eran más sabios que nosotros,
y que gobernaron nuestras vidas.
Incluso que siguieron gobernándolas
cuando ya no vivíamos con ellos,
o cuando ya no estaban.
Siempre se proyectaba su sombra,
y nosotros queríamos sobrepasar el listón marcado,

conseguir que se sintieran orgullosos,
alcanzar sus sueños,
seguir el camino que nos habían trazado,
sin desviarnos ni un ápice,
porque era el bueno, el correcto, el infalible.
El que nos llevaría al éxito.
Perdonad, si alguna vez os decepcioné,
solo me limité a hacer lo que pude,
pero, sobre todo, a intentar no ser como vosotros.
Sin embargo, no esquivé del todo el peso de la tradición,
ya que mis hijos continuarán necesitando mi ayuda
para desenredar complejos ejercicios de aritmética
y calcularán la probabilidad
de que tú y yo podamos ser felices,
y también el riesgo que nuestra fusión les acarreará.
¿Serán ellos los que acaben tomando esta vez la decisión?

La vida debería ser menos sofisticada.

Me gustaría poder dejarme llevar,
echarte de menos y enviarte un mensaje de voz
diciéndote que lo siento,
que quiero conocer a tus hijos,
pero no ahora.
Mejor cuando hayamos recuperado el tiempo
que no nos dejaron disfrutar.
Que no me importa que te quedes un rato más,
quizá hasta la mañana siguiente,
que no necesitas irte,
que ya no tenemos por qué vivir aferrados a la prisa,
ya no.

Ya no habrá más un «a la mayor brevedad posible».

Pero mi yo racional,
ese que inclina la balanza de mi pequeño mundo,
se decanta por la coherencia en el discurso,
por las costumbres,
por la paz de los días.
El álgebra, la aritmética y el dulce que Manuel disecciona
pesan demasiado,
también los quebrados y los quebraderos.

Y vuelves a preguntarme
¿Dejarías que fuese yo el que guiase?
Y no sé qué responder a eso.

Caigo en la cuenta de que, en el fondo,
siempre quise que continuaras siendo una ensoñación,
una vuelta a la poesía,
a los bailes ilusorios y a los amores platónicos,
pero tu camino y el mío han ido creciendo
hasta convertirse en una rendición
o un abandono que necesito explicarte
o acaso contármelo para poder,
de alguna manera extraña,
volver a tocar tierra y ordenar el problema irresoluble
en el que estoy inmersa.
Entresacar los datos para, una vez analizados,
hacer las operaciones adecuadas,
evitar los riesgos,
encontrar la operación perfecta,
la que más convenga a todos los que habitan
nuestro microcosmos.

Soy consciente de que el hecho de estar ahí inmóvil,
como varada en alguna playa,
será una solemne claudicación,
una capitulación en toda regla
y esa rotunda certeza me asombra.
Fue corto el asedio
y fácil el triunfo,
ya que, una vez dentro,
solo hicieron falta un par de ataques.
Quién te ha visto y quién te ve, pienso.
Me he rendido
y has tomado a tus anchas la plaza,
con la misma seguridad
con la que hoy te aferrabas a mi mano.

Y yo, ingenua,
quise escribir un verso que hablase del abstracto,
de un lugar de tránsito, de tu abismo,
de esas cosas barrocas y exquisitas
de las que hablan los poemas.
Pero no ha sido así,
ni podrá serlo nunca contigo,
porque tú no eres poesía,
aunque yo habría querido que lo fueras
porque así todo habría resultado más sencillo.
Tú eres deseo y carne, no verso y sueño
y un recelo que se me quedó adherido
y que ha colonizado mi organismo,
como una suerte de carcoma
que me va corroyendo

y quebrándome en porciones
cada vez más desiguales y diminutas.

No eres poesía, no.
Eres relato o novela,
o un ensayo completo sobre la naturaleza humana,
o tal vez una enrevesada narración
contada al calor de un fuego que no encendió nadie,
pero al lado del que me he sentado
porque necesitaba desentumecerme de un frío
que ni siquiera yo sabía que llevaba amarrado a la espalda.

Eres un olor que no se va,
y que además no quiero que lo haga,
y que mañana buscaré en el estante
de alguna perfumería para darte un nombre.
Porque deseo saberlo todo de ti,
hasta lo que no le cuentas a nadie.
Eso e incluso más.
Lo que ni siquiera tú sabes de ti mismo.

No eres poesía, ya lo he dicho,
ni llegarás a serlo nunca,
porque yo no te quiero así,
ya que no existe un género en el que pueda encasillarte,
y solo sé que te has ido transformando
en una sencilla historia,
que solo me habla de amor.

EPÍLOGO 1

Estoy sentada en el coche.
Suena el pitido de un mensaje en el móvil.
Sé que eres tú.
No contesto.
En lugar de eso arranco
y me dirijo a casa.
Mañana lo haré,
con la cabeza fría
y los pies calientes,
como decía mi madre y también mi abuela,
y seguramente sus madres y sus abuelas.
Es así como hay que tomar las decisiones,
con los pies quietos, la cabeza recta y las manos firmes.

En estos momentos,
mis emociones me están jugando una mala pasada,
responder sin haber tomado ese tiempo de necesaria
estanqueidad,
sería una insensatez,
una suerte de suicidio emocional.

Mañana será otro día,
sí, mejor lo haré mañana,
o pasado,
o al otro,
o quizá esperaré una semana,

pero no más… o sí.
No lo sé.

EPÍLOGO 2

Estoy sentada aún en el coche.
Suena el pitido de un mensaje en el móvil.
Sé que eres tú.
Contesto de forma inmediata.
Las palabras fluyen,
hablamos.
Cuelgo.
Sé que voy a tener que conocer a tus hijos.
Tú a los míos.
Y también sé que no me importa lo que opinen.
Ahora nos toca a nosotros tomar la palabra.

EPÍLOGO 3

Estoy sentada aún en el coche.
Suena el pitido de un mensaje en el móvil.
Sé que eres tú.
No contesto,
tampoco lo haré mañana,
ni pasado,
y la vida continuará para mí,
tal y como estaba antes
de que nuestros silencios
volvieran a encontrarse.

EL LUGAR INCIERTO DE LA DUDA

Miro tus pies pequeños mientras caminamos.
Los observo de una manera obsesiva,
como si quisiera aprenderme al dedillo,
nunca mejor dicho,
cada una de las secuencias
que componen el escenario completo de tus movimientos.
Son importantes, porque conforman
el soporte sobre el que se asienta tu estructura.

Esa misma que irradia una seguridad que abruma.

Estas preparada para afrontar vaivenes,
mil tormentas,
cien terremotos
y hasta un tsunami,
sobre esos pies tan pequeños,
que utilizaste una vez para alejarte,
mientras yo usaba los míos
para recorrer el camino
que me llevaría al norte,
que era lo mismo que trazar una autopista hacia el éxito.
Había que centrarse,
no dejar que nada nos desviara de la ruta marcada,
tener la brújula bien aspectada,
no perder nunca el rumbo,
no desnortarse,

seguir el camino de las baldosas amarillas,
que era ese que nos llevaría a encontrar
la mejor salida posible.
Te confieso que ya no soy el chico de antes,
ahora no soy capaz de afrontar nada,
aunque nadie lo sepa
porque se me da bien disimular,
como a cualquier habitante de este siglo.
Me he ido transformando en un gran mentiroso
con el paso del tiempo.
Un hombre que aprendió a enredar las palabras
para modificar sus significados,
y acabar no desvelando nada,
evitando siempre el compromiso.
Palabras hueras, vacías,
palabras trampa,
pero nunca silencios.
En estos tiempos el ruido es importante,
cuanto más mejor,
si no suenas,
nadie sabe que existes,
te transformas en un ser invisible.
Lo peor que puede caer sobre ti es el mutismo.

Pero siempre he sido frágil.
Tú lo sabías.
Por eso decidiste no subir al norte conmigo
y quedarte en el otro extremo del mundo.

No obstante, no me ha ido mal en la vida,
alcancé el futuro antes de tiempo,

logré camuflarme en él,
y me convertí en lo que se esperaba de mí.
para poder llenar así mi pequeña bodega
de objetos imperfectos e insignificantes,
pero valiosos ante los ojos de los demás.

Me acabo de dar cuenta de que he ido
subiendo de tus pies a tu cabeza.
Nuestros ojos se encuentran.
Sonríes.
Y esa sonrisa me desborda.

Se asoma de nuevo mi fragilidad.

Aprieto tu mano y me acerco a tu boca.

No te vayas, pienso,
no quiero que lo hagas,
pero no te lo digo,
no puedo enseñar
todas mis cartas
en este encuentro.
Perder el saque.

Vuelvo a tus pies,
como si temiera que pudieras leerme el pensamiento.
Caminamos de vuelta a casa.
Tú a la tuya, que no sé dónde está
y yo a la mía,
de la que tú también lo desconoces todo.
Hay tantas cosas que no sé ahora de ti,
cuando antes lo sabía todo.

Y tú de mí.
No teníamos secretos.

¿Se olvida al primer amor?
O más bien,
¿se olvida el amor?
Llevo toda una vida haciéndome esa pregunta.
No te fuiste ni un solo minuto,
ni siquiera cuando me casé.
Me carcomiste los huesos y el alma
con esa risa de imperecedera juventud,
que parecía que iba a durarnos toda la vida.

Vuelvo a apretar tu mano, con fuerza.
Ahora entiendo la frase tonta
que decían en las películas:
«pellízcame, para que sepa que es verdad».
Quiero que seas verdad,
la mía,
mi verdad,
la única que tengo.
Quiero dejar de vivir entre mentiras,
no puedo seguir cargando ese peso
toda una vida sobre la espalda,
me abruma, me agota, me acaba.

No he soltado tu mano.
Sé que ese gesto te desconcierta,
sé que vas a pensar que soy quizá invasivo, dominante,
hasta un poco machista,
pero no puedo evitarlo.

Aun a riesgo de perderte de nuevo,
no quiero soltarme.
Tengo miedo de que vuelvas a formar parte
del elenco de mentiras que conviven
desde hace años conmigo.

Teníamos que ser seres de provecho.
¿De provecho para qué o quién?
Nunca tuve una contestación a esa pregunta.
Supongo que para la sociedad, la familia, el sistema.

¿Qué es eso de sistema?

Parece una suerte de gran hermano
que nos gobierna a todos
y del que no es fácil zafarse.

Teníamos que ser seres de provecho.

Eran otros tiempos,
nuestras vidas también.
El futuro importaba.
no había espacio para el amor,
solo para pensar en labrarnos un porvenir,
para arar la tierra que debía dar sus frutos,
o preparar nuestro nido para un mañana brillante y exitoso,
para salir triunfantes en esa batalla
que era la vida.

Me angustia que acabe esta noche,
pero tenemos que pensar.

Los dos.
Esta vez tenemos que hacerlo bien.
No podemos dejar que quede ningún cabo suelto,
ya no hay margen para el error,
hemos entrado en el tiempo de descuento.

Vuelvo a observar tus pies,
que caminan acompasados a los míos.
Parecemos dos soldados marchando en formación.
Un-dos, un-dos, un-dos.

Nos desplazamos apresurados y aún no entiendo el motivo,
aunque sé que tenemos prisa por llegar a casa,
es tarde y mañana nos esperan responsabilidades.

Hay que regresar,
tenemos que continuar con nuestra existencia corriente.
Seguir viviendo deprisa,
seguir siendo útiles
hasta nuestra obsolescencia no programada.

A la mayor brevedad posible.

Viajo de tus pies a las fachadas.
La calle está vacía.
De pronto, asoma la anémica luz de un taxi.

Levanto la mano.
Para frente a nosotros.
Te abro la puerta.
No sé si me estoy equivocando.
No conozco aún a la mujer que eres ahora.

Le das al taxista la dirección
donde dejaste aparcado el coche.
Nos besamos largo rato como si fuésemos adolescentes.
Qué pensará el conductor.
Aunque con seguridad estará acostumbrado.

Cuando lleguemos descenderás.
Ninguno de los dos mostrará intención de hablar.
Te marcharás con una simple sonrisa
y yo me sentiré aún más mentiroso y frágil.

Te observaré sentada dentro del vehículo.
Por favor, di algo,
haz un gesto, una señal,
lo que sea que se hace en estos casos.
Como en el poético final de Ojos negros,
desearé que te des la vuelta.
Pero no lo harás y el taxi arrancará alejándose de ti
hasta perderte de vista.
Y la vida continuará.

La noche se volverá sosegada y cauta,
y la ciudad un espacio vacío.
La falsedad viajará sentada en el asiento contiguo,
bien pegada a mí,
no vaya a ser que, esta vez,
no regrese conmigo a casa.

EPÍLOGO 1

Mañana te enviaré un mensaje
nada más levantarme,
para decirte lo agradable que resultó nuestro encuentro
y te propondré una nueva cita.
Después no miraré el teléfono durante un buen rato,
para evitar la tortura de esperar una respuesta.

EPÍLOGO 2

Mañana te enviaré un mensaje
al caer la tarde,
para decirte lo agradable que resultó nuestro encuentro
y te propondré una nueva cita.

No contestarás hasta unos días más tarde.

Yo haré lo propio.

Finalmente, tras varias llamadas,
conseguiremos sincronizar nuestras agendas,
y quedar de nuevo para un café.

EPÍLOGO 3

Mañana te llamaré por teléfono a media tarde.
Será desde uno de esos aparatos
que aún nos anclaban a la pared,
de los que usábamos
cuando no nos martirizaba el futuro.
Tú te encerrarás en la cocina
y hablarás conmigo en voz baja
para que no te oigan tus hijos.
Yo haré lo propio.

Charlaremos durante un buen rato.
Nos reiremos.
Con esa risa cómplice de aquellos que se conocen bien.

Hasta que tus hijos o los míos
comiencen a llamar a la puerta
con alguna excusa y nos digan que hemos de colgar.

Entonces te diré aquello de: «cuelga tú»
y la vida se colocará donde debió haber estado siempre.
Yo desharé mi maleta
y diré que no a mi brillante futuro,
a ese que me llevó al norte,
tan lejos en todos los sentidos,
y tú harás la tuya con algo de ropa
y unos zapatos cómodos y robustos a la vez
para cubrir esos pequeños pies,

pero también para poder marchar a mi lado,
como dos soldados
dispuestos a enfrentar cualquier batalla.

Y nos encontraremos de nuevo
a media tarde en el café de siempre.

EXTRAMUROS

Hay cosas conocidas y cosas desconocidas, y en el medio están las puertas de la percepción.

ALDOUS HUXLEY

MUTIS POR EL FORO

Un hombre y una mujer bajan la calle.
Una calle anodina, más bien moderna y funcional,
de esas que abundan en Madrid,
en uno de esos barrios que no son ni malos ni buenos,
pero que están en medio de una cosa y de la otra.

Van cogidos de la mano.
A veces se detienen para besarse.
Y, al separarse, continúan caminando.
Aparentan tener prisa.
Más que dos enamorados,
parecen dos soldados que marchan a ritmo marcial.
Un-dos, un-dos, un-dos.
Deben de estar preparándose para una batalla.

Salvo por ellos,
la avenida está desierta y en silencio,
que solo se ve interrumpido por el quejido
de los tacones de la mujer.

En un momento dado,
él levanta la mano y para el único taxi
que cruza como por casualidad el escenario.

Ambos se suben.

El coche continúa el camino
hasta perderse de vista
y la calle vuelve a quedar
habitada tan solo por el silencio,
justo como estaba antes
de que ellos aparecieran.

Octubre 2023

ÍNDICE

SE TERMINÓ
DE IMPRIMIR ESTE LIBRO
EL 18 DE FEBRERO
DE 2024.